3 mars 1853.

CATALOGUE
D'UNE COLLECTION
DE
150 TABLEAUX
ITALIENS,
RICHEMENT BORDÉS,
DE
40 VASES DIVERS EN FAIENCE DE FAENZA
RICHES CADRES SCULPTÉS DORÉS ET NON DORÉS,
GROUPES EN PORCELAINES, MARBRES, BRONZES, ETC.

le tout arrivant de Florence,

DONT LA VENTE AUX ENCHÈRES PUBLIQUES AURA LIEU,

HOTEL DES VENTES MOBILIÈRES,
RUE DES JEUNEURS, N° 42,
Salle n. 1,

LES JEUDI 3 ET VENDREDI 4 MARS 1853,
heure de midi,

Par le ministère de Me **BONNEFONS DE LAVIALLE**,
Commissaire-Priseur, rue de Choiseul, 11,
Assisté de M. **FEBVRE**, Appréciateur, rue de Choiseul, 13,
Chez lesquels se distribue le présent Catalogue.

EXPOSITION PUBLIQUE
Le Mercredi 2 Mars 1853, de midi à cinq heures.

Exemplaire de Bendeley frère.

PARIS
MAULDE ET RENOU
IMPRIMEURS DE LA COMPAGNIE DES COMMISSAIRES-PRISEURS,
rue de Rivoli prolongée, au coin de celle de l'Arbre Sec.
1853

CONDITIONS DE LA VENTE.

Elle sera faite au comptant.
Les acquéreurs paieront cinq pour cent en sus des adjudications.

AVERTISSEMENT.

Cent cinquante tableaux richement bordés de cadres sculptés d'un beau travail, des vases en faïence de Faenza de formes diverses, des bronzes, bustes, groupes en porcelaine; le tout arrivant de Florence : tels sont les objets qui complètent la Collection dont nous avons déjà vendu la première partie en décembre dernier.

Le retard apporté dans l'envoi des caisses nous laisse à peine le temps de pouvoir cataloguer, et nous oblige à retracer tout simplement la note qui nous a été remise par le propriétaire.

Hâtons-nous de dire que le coup d'œil rapide jeté sur le tout nous permet d'affirmer qu'il y a parmi les tableaux des œuvres dignes du plus grand intérêt.

DÉSIGNATION

DES TABLEAUX.

École Italienne.

ALBERTINELLI (Marietto).

1 — La Sainte-Famille et saint Jean.

ANDRÉ DEL SARTO.

2 — Distribution des pains. (Esquisse.)
3 — La Vierge, l'Enfant-Jésus, sainte Anne et le petit saint Jean.

ANDRÉA (école d').

4 — La Vierge, l'Enfant-Jésus et saint Jean.

ANDREA (école d').

5 — Tête du Christ.
    Idem de la Vierge.

BAROCCI (Frédéric).

6 — Mise au tombeau.
7 — Pyrame et Thisbé.

BASSAN.

8 — Un Saint et des Saintes.

BECCAFUMI (Dominique).

9 — L'Apparition du Saint-Esprit.

BILIVERTI (Jean).

10 — Mariage de Tobie.

BOLICELLI (Alexandre).

11 — Tobie et l'Ange.

BOLOGNE (École de).

12 — Loth et ses filles.

BUFFALMACCO.

13 — La Vierge et l'Enfant-Jésus.

CAGNACCI.

14 — Tête de Madeleine.

CALIARI (Paul).

15 — La Vierge et l'Enfant-Jésus.

CANALETTI (école de).

16 — Une Marine.
17 — Une Marine.

CARRACHE (Annibal).

18 — Saint Pierre en prison.

CARRACHE (Louis).

19 — Mater Dolorosa.
19 bis — Suzanne et les vieillards.

CARAVAGE.

20 — Tête de Caton.

CARAVAGE (école de).

21 — Agar et son fils.
22 — Agar et Rébecca au puits.

CARNEVALE (Dominique).

23 — Une Marine.
24 — Idem.
25 — Idem.
26 — Idem.

CAROSELLI (Ange).

27 — L'Ange gardien.

CAVALIER D'ARPINO.

28 — Une Bataille d'après Jules Romain.
29 — Pendant du précédent.

CAVEDONE (Jacques).

30 — Une Madeleine.
31 — Un saint Pierre.

CASONALO (École de Sienne).

32 — La Vierge montrant l'Enfant-Jésus.

CASTIGLIONE (Benoit).

33 — Grand paysage avec moutons et bergers.
34 —   Idem.   Idem.
35 —   Idem.   Idem.

CIMABUE.

36 — Le Baptême de Jésus-Christ. Fond en or, plusieurs Saints et Anges.

CONAZZA.

37 — Paysage.
38 — Idem.
39 — Idem.

DANDINI (César).

40 — Une Vierge et l'Enfant-Jésus.

DANIEL DE VOLTERRE.

41 — La Naissance du Christ.

DOLCI (Charles).

42 — Tête d'une Sainte.

DOLCI (Charles) d'après.

43 — La Poésie.

DOMINIQUIN.

44 — Une Sibylle.

DUCCIO DE SIENNE.

45 — La Vierge, assise sur Anne, tenant l'Enfant-Jésus sur ses genoux ; saint Pierre et des Anges.

EMPOLI.

46 — Une Sainte-Famille et sainte Anne.

ÉCOLE FLORENTINE

47 — Sainte Catherine à mi-corps.

FABRIANO.

48 — La Vierge et l'Enfant-Jésus.

FERRATO (D'APRÈS).

49 — Une copie moderne.

FLORE (François).

50 — Portrait d'un empereur romain.
51 —   Idem.   Idem.

FORINO.

52 — Jugement de Pâris.

FRA BARTOLOMÉO.

53 — La Vierge au trône et des Saints.

FURINI (François).

54 — Bains de Bethsabée.

FURINACCIO.

55 — Les quatre parties de la terre.
56 —   Idem   idem.
57 —   Idem   idem.
58 —   Idem   idem.

GESSI (François).

59 — Char de l'Aurore.

GHIRLANDAIO (Dominique).

60 — La Vierge, l'Enfant Jésus et deux Anges.

GIORGION.

61 — La Décapitation de saint Jean.

GIOTTINO.

62 — Christ en croix et les trois Marie.

GOZZOLI (Benezzo).

63 — L'Annonciation.

GUASPRE POUSSIN (attribué a).

64 — Un paysage.
65 —   Idem.

GUARDI.

66 — Marine. Vue de Venise.
67 —   Idem.

GUIDE (le).

68 — Tête de saint Pierre.

GUIDE (ÉCOLE DU).

69 — Une Madeleine.

JIACOPO.

70 — Une Sainte Famille.

LANFRANC (Jean).

71 — Saint Antoine.

LIPPI (Philippe)

72 — La Vierge, l'Enfant Jésus et saint Jean.

LUCA GIORDANO (École de).

73 — Sujet mythologique.

MARATTI (Charles).

74 — La Vierge et l'Enfant.

MARATTI (Charles).

75 — Une Sainte Famille.

MARINARI (d'après).

76 — Sainte Cécile.

MARINARI (Honoré).

77 — Sainte Fustine.

MARINARI (Honoré).

78 — Sainte Fustine.

MENGS (Raphael).

79 — La Vierge, l'Enfant Jésus et le petit saint Jean dans un paysage.

NALDINI (Baptiste).

80 — Le Christ mort et deux Anges en adoration.

ÉCOLE NAPOLITAINE.

81 — Des bergers allant au marché.
82 —   Idem.

ÉCOLE NAPOLITAINE

83 — Une Excommunication.

ORIZZONTI.

84 — Paysage.
85 —   Idem.

ORIZZONTI.

86 — Un paysage.
87 —   Idem.

PANNINI.

88 — Ruines de l'ancienne Rome.
> Tableau très conservé, une des plus jolies productions de ce maître.

89 — Idem. Son pendant.

PANNINI.

90 — Architecture.
91 — Idem.

PANNINI.

92 — Architecture.
93 — Idem.

PANNINI (ATTRIBUÉ A).

94 — Une Foire.

PARME (ÉCOLE DE).

95 — Vénus et l'Amour.

PARMIGIANO (FABRICE).

96 — Psyché et l'Amour.

PÉRUGIN (PIERRE).

97 — La gloire de la Vierge.

PIATTOLI.

98 — Portrait de la grande duchesse de Toscane, femme de Léopold Iᵉʳ.

PIAZETTA (Jean-Baptiste).

99 — Tête de vieillard.

PIETRO DA CORTONE.

100 — L'Abondance.

PIGNONE.

101 — Demi-figure d'une Sainte.

PIGNONE (Simon).

102 — Couronnement de la Vierge.

PORBUS (attribué a).

103 — Portrait d'une dame.

POUSSIN (école du).

104 — Paysage.

RAPHAEL (d'après).

105 — Mariage de la Vierge.

RAPHAEL (d'après).

106 — Vierge au candelabre.

RAPHAEL (d'après).

107 — Vierge à la chaise.

ROSCELLI (Mathieu).

108 — La Vierge et l'Enfant Jésus.

Sur marbre.

ROSSO.

109 — La Vierge et l'Enfant Jésus.

ROSSO FIORENTINE.

110 — La Vierge, l'Enfant Jésus et saint Jean.

SALVATOR ROSA.

111 — La Tentation de saint Antoine.

SALVATOR ROSA.

112 — Une bataille.
113 — Idem.

SASSO-FERRATO.

114 — La Vierge. Mi-corps.

SCIPIONI (Jacques).

115 — Portrait sur panneau.

SEMENTA (Jean-Jacques).

116 — La Charité romaine.
116 bis — Id.

SIMONINI (François).

117 — Un paysage.
118 — Id.

SIENNE (École de).

119 — Une Sainte-Famille et le petit saint Jean.

SIENNE (École de).

120 — La Vierge et l'Enfant-Jésus.
121 — Id.
122 — Id.
123 — Id.

STARNINA (Gérard).

124 — La Vierge, l'Enfant-Jésus et des Apôtres.

TEMPESTA.

125 — Le Déluge.

TRÉVISANI.

126 — Mariage de sainte Catherine.

UGINO DE SIENNE.

127 — La Vierge au trône, entourée de saints.

VANNI (François).

128 — Une Sainte-Famille et des anges.

VÉRONÈSE (Paul).

129 — L'Adoration des Mages.

VIVARINI.

130 — La Vierge et l'Enfant-Jésus.

ZUCCARELLI (François).

131 — Un paysage.
132 —   Id.

Écoles Française, Espagnole, Flamande, Hollandaise, Allemande, etc.

133 — Portrait de femme.
134 — Une Bataille.

BOURGUIGNON.

135 — Trois médaillons (Batailles).
135 bis — Id.   Id.

MIGNARD.

136 — Portrait de femme.

MURILLO.

136 bis — L'Annonciation.

VELASQUEZ (ATTRIBUÉ A).

137 — Une Bataille.

BREUGHEL DE VELOURS.

138 — Paysage.

DYCK (VAN).

139 — Portrait d'un chevalier de l'ordre de la croix de Malte.

EYCK (VAN).

140 — La Vierge et l'Enfant-Jésus.

HONDEKOETER.

141 — Oiseaux.

RUBENS (ATTRIBUÉ A).

141 bis — Paysage.

RUBENS (ÉCOLE DE).

142 — Loth et ses filles.
143 — Une Sainte-Famille.

SENAVE.

143 bis — Le Marchand d'estampes.
144 — Le Marchand de mort aux rats.

ÉCOLE BYSANTINE.

144 bis — La Vierge, l'Enfant-Jésus et deux Saints.
145 — La Vierge et l'Enfant-Jésus.

École Italienne.

INCONNUS.

146 — Martyre de saint Etienne.
147 — Don Quichotte à cheval.
148 — Sujet du Vieux-Testament.
149 — Tête de vieillard.
150 — Tableau rond, demi-figures.
151 —   Id.
152 — Sainte Thérèse.
153 — Une halte de troupe.
154 — Triomphe d'une Nymphe.
155 — Une Sainte en prière.
156 — Une figure d'enfant.
157 — Un bal de paysans.
158 — La Vierge, l'Enfant-Jésus et le petit saint Jean.
159 — Une Vierge à la chaise.

160 — Descente de croix.
161 — Une Nymphe et un Satyre.
162 — Un Saint et une tête d'Ange.
163 — Une tête d'une sainte avec une main.
164 — Portrait d'un jurisconsulte.
165 — Une Sainte-Famille avec paysage.
166 — Id.
167 — Paysage.
168 — Marine.

BOIS SCULPTÉS.

169 — Deux torchères, grandeur naturelle.
170 — Deux Anges, pouvant servir de torchères.
171 — Quatre enfants représentant les Quatre-Saisons.
172 — Deux coffres.
173 — Deux statuettes anciennes.

PORCELAINES.

174 — Six groupes de statuettes en porcelaine de Saxe.
175 — Six grands vases de Faënza, avec anses.
176 — Treize pots.
177 — Dix vases moyens.
178 — Un vase moyen.

179 — Un petit buste. Portrait d'un sénateur.
180 — Un petit cheval en bronze, par Jean de Boulogne.
181 — Un médaillon marbre blanc. Sainte Thérèse.
182 — Un verre de Venise, monté sur cuivre. Byzantin.
183 — Une Vierge et l'Enfant, en marbre blanc.
184 — Un Christ en croix sur cuivre byzantin.
185 — Un atlas.
186 — Deux bas-reliefs.
187 — Un buste en marbre blanc.
188 — Trente-six statuettes avec piédestaux.
189 — Sous ce numéro seront vendus les objets non catalogués.

Paris. — Maulde et Renou, Imprimeurs de la Compagnie des Commissaires-Priseurs, rue de Rivoli prolongée, au coin de la rue de l'Arbre-Sec.

www.ingramcontent.com/pod-product-compliance
Lightning Source LLC
Chambersburg PA
CBHW030111230526
45471CB00003B/1366